Deutsche Bearbeitung: Manfred Krick
ISBN 3-8084-1177-5

Josette Blanco & Claude d'Ham

PETER + PETER
einst + jetzt

Der sechsjährige Peter entdeckt ein Album mit vielen Bildern.
Es stammt aus der Zeit, als sein Urgroßvater noch ein Kind war.
Das ist schon lange her. Gespannt vergleicht er
die Bilder von früher mit dem, was er heute kennt.

Finken

So sah mein Urgroßvater als Kind aus.
Er war der Großvater meines Vaters. Er hieß wie ich: Peter.
Er war damals 6 Jahre. So alt bin ich auch.

Meine Eltern behaupten, daß ich dem Ur-Opa sehr ähnlich sehe.
Wenn ich die Bilder aus seiner Kindheit ansehe, finde ich das auch.
Sogar die Haare sind gleich. Nur die Kleidung ist anders.

Mein Urgroßvater lebte als Kind in einem kleinen Gebirgsdorf
am Fuße eines Gletschers. Es war sehr ruhig dort.
Nur die Glocken der Kühe waren zu hören.

Wir wohnen im gleichen Ort wie Ur-Opa. Aber was für ein Unterschied.
Aus dem kleinen Gebirgsdorf ist ein beliebter Urlaubsort geworden.
Nur die Tanne und die Kirche sind geblieben.

Ur-Opas Mutter ging jeden Tag auf die Weide, um die Kühe zu melken.
Peter ging mit ihr und trank von der frischen, warmen Milch.
Gemeinsam brachten sie die Milch nach Hause.

Am Abend schaute der Urgroßvater zu,
was aus der Milch gemacht wurde: Butter, Käse, Quark . . .

Heute werden die Kühe mit einer elektrischen Melkmaschine gemolken.
Ein besonderes Lastauto holt die Milch bei den Bauern und bringt sie
in die Molkerei. Dort wird sie in Papptüten abgefüllt.

In der Molkerei werden viele Sachen aus Milch gemacht: Butter, Sahne,
Käse, Joghurt, Quark . . . Das alles können wir im Geschäft kaufen.
Ich helfe meiner Mutter gern beim Einkaufen.

Dieser alte Mann konnte besonders gut Körbe flechten.
Die Dorfbewohner brauchten die Körbe, um Futter für die Tiere zu holen oder Sachen zum Markt zu tragen.

Jetzt sieht man die Körbe nur noch im Andenkenladen. Wie die alten Bilder, Kuhglocken oder das Bergkristall werden die Körbe den Urlaubern als Erinnerung an das Gebirge und an die alte Zeit verkauft.

Wenn mein Urgroßvater die Ziegen und Schafe hütete, überlegte er sich Spiele, mit denen er sich allein beschäftigen konnte.
Manchmal baute er richtige kleine Wassermühlen.

Im Herbst kletterte er gern auf die Bäume, um sich Birnen oder Äpfel zu pflücken.
Oder er setzte sich auf die Tränke und blies auf der Pfeife.

Ich bin jeden Tag mit vielen Kindern zusammen in der Schule.
Die Lehrerin erzählt uns von den Haustieren der Gebirgsbauern.
Wir wollen alles wissen und stellen viele Fragen.

Von allen Schulstunden gefällt mir das Turnen am besten.
Aber auch das Basteln macht mir viel Spaß.

Jedes Jahr stieg Ur-Opa mit seinen Eltern zur Almhütte hinauf.
Alles, was dort gebraucht wurde, mußte den Berg hinaufgetragen werden.
Die schwersten Lasten hatte der Maulesel zu schleppen.

Wenn wir hoch hinauf ins Gebirge wollen, können wir mit der Kabinenbahn fahren.
Dann sind wir schnell auf dem Gipfel. Auf dem
Heimweg gehen wir meistens zu Fuß. Wir begegnen dann vielen Wanderern.

Vom Gebirgspfad aus sah Ur-Opa den Gletscherbach, der ein großes Mühlrad drehte.

Er begegnete auch den Holzfällern, die mit großer Mühe die Baumstämme durchsägten.

Und er beobachtete die Männer, die Eisbrocken aus den Gletschern schlugen, um damit im Tal Getränke zu kühlen.

Heute ist der Gletscherbach durch
eine hohe Staumauer zu einem See
gestaut worden. Boote segeln darauf.

Schon von weitem höre ich die knattern-
den Motorsägen der Holzfäller und
das Brummen der Fahrzeuge, die
die Baumstämme zum Sägewerk bringen.

Wenn wir etwas Kaltes trinken wollen,
gehen wir an den Kühlschrank.
Eisbrocken brauchen wir dafür nicht.

Urgroßvaters Eltern waren bei ihren Gletscherwanderungen nicht viel anders angezogen als bei einem Spaziergang. Nur Spitzhacke und Seil lassen den gefährlichen Aufstieg erkennen.

Mein Onkel macht oft mit Freunden Gletschertouren. Dafür hat er eine besondere Bergsteigerausrüstung: Steigeisen, Seil, Anorak, Schneebrille . . .

Um über Eis- und Felsspalten hinwegzukommen, legten die Leute früher einfach eine Holzleiter über den Abgrund.

Die Frauen trugen unter ihren langen Röcken Schuhe mit Absätzen. Das war leichtsinnig.

Der Bergführer kletterte voran und zog die anderen Bergsteiger am Seil nach oben.

Um sich gegen einen Absturz zu sichern, befestigt mein Onkel das Seil mit besonderen Nägeln an den Abhängen.

Auf glatten Flächen geben ihm die Steigeisen einen sicheren Halt.

An besonders gefährlichen Stellen findet er manchmal schon Seile, die andere Bergsteiger vor ihm angebracht haben.

Wenn der Winter kam, deckte der Schnee alle Häuser und Wege zu.
Dann war es besonders still im Gebirge.
Mit einer Schaufel half Ur-Opa Peter, einen schmalen Weg freizuräumen.

Wenn es bei uns geschneit hat, hören wir bald schon die Motoren von Schneepflügen und Schneefräsen brummen. Die Straßen werden so gut geräumt, daß die Urlauber aus der Stadt mit dem Auto anreisen können.

Im Winter kam der Postbote auf Skiern in das Dorf, in dem Ur-Opa lebte.
Briefe und Pakete hatte er sich auf den Rücken geschnallt.
Auch der Arzt konnte nur auf Skiern die Kranken erreichen.

Mein Urgroßvater fuhr gern auf seinem Holzschlitten die Berge hinab.
Er war sehr stolz, daß er die kleine Milchkanne
schon allein ins Tal bringen durfte.

Meine Eltern benutzen die Skier nur in der Freizeit.
Mit Freunden machen sie gern einen Langlauf durch den Wald.

Ich besuche in diesem Winter eine Skischule, damit ich bald
ganz sicher und schnell die Hänge hinuntersausen kann.

Wenn früher die Frauen um die Wette den Hang hinunterrutschten,
trugen sie ihre normalen Kleider.
Sie fuhren nicht schnell, hatten aber viel Spaß.

Heute tragen die Rennläufer besondere Skianzüge und Stiefel, die die Abfahrt noch schneller machen sollen. Ich kann kaum unterscheiden, ob da Männer oder Frauen angesaust kommen.

Manchmal beobachtete mein Ur-Opa mutige Männer beim Skispringen.
Wie Flügel breiteten sie die Arme in der Luft aus.
Nach dem Sprung mußten sie wieder mühsam den Berg hinaufsteigen.

Besonders viel Spaß machte es Urgroßvaters Eltern,
sich von einem Pferd durch den Wald ziehen zu lassen.

Heute gibt es für die Skispringer hohe Sprungschanzen.
Mit riesiger Geschwindigkeit sausen sie durch die Luft.
Vom Lift lassen sie sich danach wieder nach oben bringen.

Meine Freunde und ich lassen uns gern vom Schlepplift die Hänge hinaufziehen.
Dann sind wir nicht schon müde, bevor die Abfahrt beginnt.

Wenn sich im Winter auf dem Dorfweiher eine dicke Eisschicht gebildet hatte, rutschten die Kinder und Erwachsenen mit ihren Schlittschuhen darauf herum. Hoffentlich haben alle das Loch im Eis gesehen!

Heute haben wir eine Eissporthalle,
in der wir jede Woche einmal Eishockey spielen dürfen.
Meine größere Schwester übt sich im Eiskunstlauf.

Um Holz für den Kamin zu holen, mußte Ur-Opa mit der Laterne in den Keller gehen. Das Kaminfeuer sah schön aus, aber es wärmte nur von vorne. Im Rücken wurde Peter trotzdem kalt, wenn er nicht dick angezogen war.

Zum Waschen goß Urgroßvaters Mutter warmes Wasser in einen Holzbottich, der nahe beim Ofen stand. Am Abend vor Weihnachten schmückte die Mutter das Zimmer, und Ur-Opa stellte seine Schuhe zum Füllen hin.

Bei uns steht ein großer Heizkessel im Keller, der für warmes Wasser in den Heizkörpern und in der Wasserleitung sorgt. Wenn ich die Heizung in meinem Zimmer aufdrehe, wird es rasch warm.

Auch im Bad muß ich nicht frieren. Das Wasser fließt angenehm warm in die Wanne. Am Abend vor Weihnachten schmückt meine Mutter den Christbaum, und ich bringe die Stiefel für die Geschenke.

Der schönste Abend im ganzen Jahr war für Ur-Opa der Weihnachtsabend mit der Bescherung. Selbst wenn es schon sehr spät war, kam er sogar im Nachthemd noch einmal ins Zimmer, um seine Geschenke zu betrachten.

Auch für mich ist Weihnachten das schönste Fest. In diesem Jahr habe ich viele Geschenke bekommen. Deshalb bin ich sogar im Schlafanzug noch einmal ins Weihnachtszimmer gegangen und habe mit dem Roboter gespielt.